GRADISNIK-MAIRINGER – WEHRGRABEN – DOKUMENTATION-VISION

FRIEDRICH GRADISNIK – HANS DIETER MAIRINGER

WEHRGRABEN
Dokumentation - Vision

VERLAG WILHELM ENNSTHALER, STEYR

Bilder: Friedrich Gradisnik
Texte: Hans Dieter Mairinger

1. Auflage 1981

ISBN 3 85068 101 7

VORWORT

Unsere Leistungsgesellschaft zwingt unseren Blick in die Zukunft. Mit dieser arbeitsbereiten Einstellung wird der Tag bewältigt, mit dieser Hingabe wurde in den letzten Jahrzehnten Beachtliches, ja Großes geleistet.

Warum haben die Menschen heute dennoch nicht das Empfinden, die Fülle des Glücks zu genießen? Verweigerer ziehen sich in Subkulturen zurück, Träumer weinen nostalgisch einer Vergangenheit nach, von der sich ein süßer Nachklang in unsere Zeit herübergerettet hat.

Friedrich Gradisnik geht einen anderen Weg und dokumentiert in diesem Buch seine Auffassung eines brauchbaren gesellschaftlichen Engagements. Der Künstler hat seine Jugend in der oberösterreichischen Stadt Steyr verbracht. Zu den bleibenden Eindrücken dieses Lebensabschnittes gehört das Erlebnis des Wehrgrabens dieser alten Siedlung, eines Bezirkes, den man als frühes Industriegebiet bezeichnen kann. Am Steyrfluß haben sich im Laufe der Zeit kleine Fabriken angesiedelt, deren Hämmer und Maschinen vom Wasser betrieben worden sind. Aus dem menschlichen Zusammenleben entstanden Ensembles, in denen die Arbeiter ihrem Beruf nachgehen, in denen sie auch ihre Unterkunft finden – und dazu auch noch einen kleinen Garten als Freiraum.

Der Kanal fließt noch immer in seinem alten Bett, die Häuser stehen noch wie ehedem, noch leben Menschen in ihnen. Doch mit dem Wasser floß auch die Zeit dahin und mit der Zeit die wirtschaftliche Kraft, die Rentabilität. So ergab sich im Wehrgraben von Steyr eine Situation, die vielleicht jeder Mensch anders beurteilen mag. Dem einen ist sie nach wie vor teure Heimat, dem anderen ein kostspieliges Sanierungsobjekt; dem einen ein glücklicherweise erhalten gebliebenes Kulturdokument, dem anderen ein Zeugnis des Verfalls, eine Schande, die mit dem Bagger rasch zu beseitigen ist.

Auch in dieser Frage schwimmt Gradisnik nicht einfach mit irgendeinem Strom. Er betrachtet die Anlage nach dem klassischen Prinzip »sehen – urteilen – handeln« und will vor allem verhindern, daß jemand handelt, ehe er nach gründlichem Sehen geurteilt hat.

Schon 1975, als der Wehrgraben noch kein öffentliches Thema war, hat der Künstler sich mit ihm befaßt und ihn in einer umfassenden Ausstellung dokumentiert. Heute ist der Wehrgraben als Sanierungsareal im Gespräch und nicht wenige befürchten, daß als »Rettung« eine Lösung, eine »End-lösung« angestrebt werden könnte, die nur den Namen dieser gewachsenen Siedlung übrigläßt, deren Gesicht jedoch zur Unkenntlichkeit auffrischt.

Friedrich Gradisnik, Jahrgang 1948, hat den Wehrgraben in Steyr mit Auge und mit Herz betrachtet. Die in diesem Buch gesammelten Zeugnisse konzentrieren sich auf Details – etwa auf die überall präsenten Eisengitter – aus denen die wahre Bedeutung, ja die Größe des Themas auch heute noch aufleuchtet. Gradisnik hat vor den Häusern, in den Winkeln und Gäßchen mit hartem festen Stift gezeichnet, er hat Kleinbereiche fotografiert, er hat sich in seinem Atelier noch und noch mit diesem Thema befaßt und dabei Schichtenpastelle geschaffen, die Einzelheiten aufklingen lassen und unter einem Schleier dennoch deren Geheimnis bewahren wollen. In seinen Collagen hat er kleine Relikte aus der alten Industrieproduktion des Wehrgrabens eingebaut und hält sie dem Betrachter gleichsam als verehrungswürdige Reliquien vor.

Hans Dieter Mairinger, Jahrgang 1943, hat in oberösterreichischer Mundart die Texte zu diesem Buch geschrieben. Sie sollen keine Kommentare zu den Bildern abgeben, vielmehr wollen auch sie die Thematik und Problematik der Menschen am Wehrgraben aussprechen: »Visionen« der dort Lebenden, ihre Befürchtungen; ihre Hoffnungen, daß bei künftigen Planungen auch ihre Existenz als Stellenwert eingesetzt wird.

Hans Widrich

Friedrich Gradisnik
Bleistiftzeichnung 1980

Friedrich Gradisnik   Schichtenpastell 1980

HERR ARCHITEKT

Herr Architekt,
bitt schen,
tan S' unsa Viertl
net z'Tod saniern.
Lassn S' uns
nu a bißl was steh –
was Schens.
San S' so guat,
Herr Architekt.

DA FUATSCHRITT

Des Wichtigste,
lassen S' ihna des sagn,
des Wichtigste
is da Fuatschritt,
weu ohne Fuatschritt
bleibt ois steh,
und waunn ois steh bleibt,
geht nix weida,
und waunn nix weida geht,
daunn bleibt ois steh,
awa i glaub,
des hab i schau amal gsagt.
Auf jedn Fall,
wia gsagt,
mia kennan uns aus –
net.

Friedrich Gradisnik

Bleistiftzeichnung 1980

Friedrich Gradisnik   Fotografie 1980

DREI TIAKISCHE KNOZA

Drei kloane tiakische Buam
sitzn vuam Haus
auf da Stiang
und palawan.

Da oane küfit aun an großn Apfi,
da aundare schniatzt si grad
an Steckn
zum Schwoazfischn
und da dritte
redt wia a Ölmau.

Waunn wer vuabeigeht
schauns a Neichtl
und sagn a Frechheit.
Vasteh tuats ja e koana.
Se haum leicht frech sei,
de drei tiakischn Knoza.

AM JINGSTN TAG

Am jingstn Tag daunn,
waunn d'Erdn zidat und bebt,
daunn fallns sicha oille um,
de schiachn Heisa,
de was heitzutag
üwarall baut wern.

Awa miaß ma wirkli
so laung woatn –
bis zum jingstn Tag?

HÜFT OIS NIX

Feicht is',
dreckig is'
und stinga tuats a
hi und da,
awa glicklich san ma –
hüft ois nix.

WEATS SCHAU SENG

Schneids uns oille Bam um,
reißts uns oille altn Heisa ab
und schüts uns oille schen Bachal zua –
weats schau seng,
was daunn üwableibt,
weats schau seng.

Friedrich Gradisnik

Fotografie 1980

Friedrich Gradisnik   Objekt 1980

BITT SCHEN

Bitt schen,
tats ma des schene Bachal
do net in a so a schiachs
finstas Real einisperrn.
Was hats eich denn tau,
des schene Bachal,
daß sis so strafn woits –
was denn?

IM WINTA

Im Winta,
waunn ois zuagschneibt is
bis om aufi,
daunn schauts eigantlich
gar net so valuadat aus
bei uns da.

Awa waunn daunn im Fruajahr
de Sunn
den gaunzn Schnee
wieda wegramt,
daunn kummts wieda viera
des gaunze Elend,
und i faung wieda au
zum Woatn
aufn nextn Schnee.

'S EASCHTE VEIGAL

Heit hab i
des easchte Veigal gseng.
Zwischn an Schodahaufn
und ana varostn Blechblattn
hats vieragschaut
gaunz vaschreckt,
wia waunns sang woitat:
Bi i leicht falsch
da
in dera Gegnd?

OAM SAMA

An untairdischn Kaneu
woins draus machn
aus dem schen Bachal,
hab i gheat.
Na, haum de Leit
denn gar koa Gspia mehr
fia was Schens,
zöhln heit wirkli
neta mehr
de Straßn,
de Parkplätz
und de Autofahra?
Oam sama.

Friedrich Gradisnik

Friedrich Gradisnik   Schichtenpastell 1980

GLAUBTS MAS

Ohne Wassa
is ois trucka,
und waunn ois trucka is,
vadeat ois,
und waunn ois vadeat,
is' nimma zum Auschaun,
und waunns nimma zum Auschaun is,
is' a Graus –
glaubts mas.

AUSGMACHT!

Zeascht,
zeascht reiß ma amal ois weg,
is e nix mehr wert,
und daunn,
daunn baun ma ois neich hi
nachn neiastn Staund der Wissnschaft,
se wissen e schau wia,
und zletzt,
nach Möglichkeit ziemlich gach,
zletzt san ma glicklich –
ausgmacht!

Friedrich Gradisnik

Bleistiftzeichnung 1980

Friedrich Gradisnik

Schichtenpastell 1980

DA HUNDATWASSA

Da Hundatwassa hat gsagt:
Aun de neimodernan Heisa
miaßat ma an Schümmipüz ausetzn,
daß' sche laungsaum vaschümmin
oille mitanaunda.

Awa leida,
des geht net,
weu waunna a nu so zach is,
so a Schümmipüz,
bei de neimodernan Heisa
geht ois ei –
sogar a Schümmipüz.

ES IS A GFRETT

Erdbebnsicha baun sis
und stuamsicha a nu dazua,
de Hochheisa
heitzutag.

Se lassen an schau gar ka Hoffnung mehr,
de neimodernan Architektn –
es is a Gfrett.

IM GADL

Hint im Gadl
waxn schene Paradeisa
und Petasül
und rode Ruam,
so launge Guakn
und so große greane Krautkepf –
es is a Freid,
was duat ois waxt.

I hoff,
se machn draus
koan Parkplatz,
weu daunn is' aus
mit oilla Pracht,
daunn stinkts nur mehr
und macht an Wüawi
den gaunzn Tag
und gaunze Nacht.

DE NAVRATIL

Heit in da Frua
lingan a Haufn weiße Bleamin
vastrat
unt im Hof.
Auf a paar
is schau wer drauftretn,
de san schau gaunz zmatschkat.

Dauat net laung,
daunn kummt
d'Hausmoastarin
und schimpft
üwa de schlaumpatn Hauspatein,
de oiweu ois glei beim Fensta awipfeffan.

Si kau net wissen,
was fia a traurige Gschicht
da dahintasteckt,
hinta de weißn Bleamin.

Gestan auf d'Nacht
hetas nu amal vasuacht,
da Freind va da Navratil.
Mit an Buschkettl weiße Bleamin
isa kuma
und het neich aufaunga woin,
awa si hat schau wen aundan ghabt –
de Navratil.

Friedrich Gradisnik   Fotografie 1980

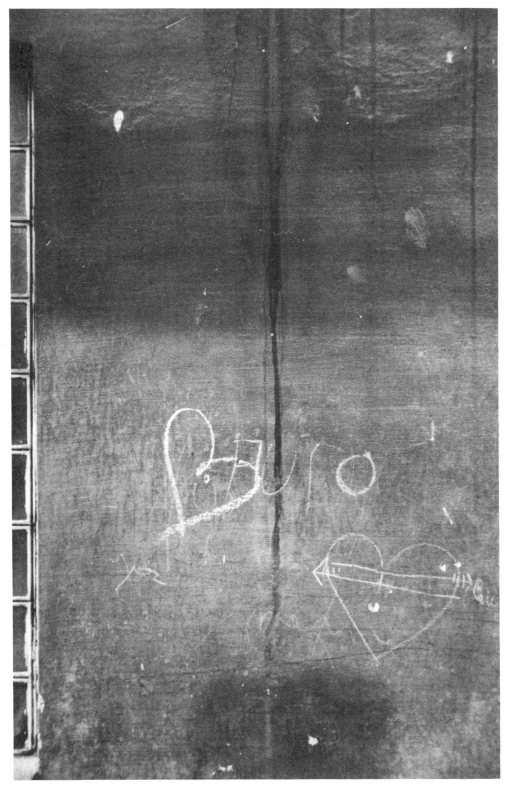

Friedrich Gradisnik   Fotografie 1980

DES VAGISS I NIMMA

I hab amal
an altn Mau
Rotz und Wassa rean gseng,
wias eam sein Schrewagartn
weggnumma haum,
weusn braucht haum
fia a Autobaun.

Des vagiß i nimma,
na,
des net.

WAUNNS NEBLIG IS

Waunns neblig is,
gfallts ma am bestn
in unsara Gassn.
Da siagst ois
wia durch an Kuchlvuahaung,
so dusta.
Sogar de alte Hittn
duat drüm
kriagt an Schleia umghengt,
und kummt daher
wia a Prinzessin.

Waunns neblig is,
gfallts ma am bestn
in unsara Gassn.

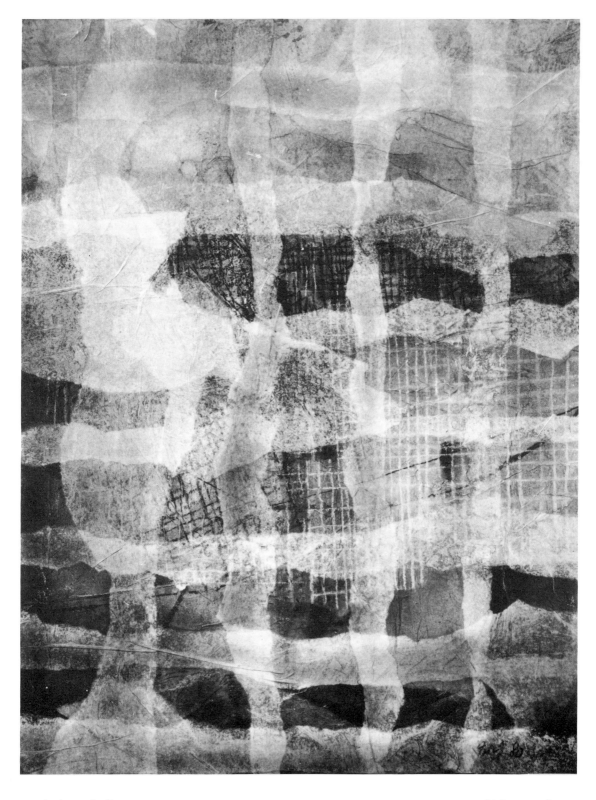

Friedrich Gradisnik

Schichtenpastell 1980

Friedrich Gradisnik

Bleistiftzeichnung 1980

I HAB TRAMT

Heit hab i tramt,
daß' da draußn
ois Alte weggrissen haum,
und higstöllt haums
lauta neimoderne
Betonsilo –
ja, Betonsilo.

Wia i munta wuan bi,
hab i glei außigschaut
bei mein Fensta,
obs e neta a Tram war.
Nau, is mia a Stoa vom Herzn gfalln,
wia i gseng hab,
daß e ois beim Altn blim is.

DES FIACHT I

Zuagebn,
mei Wohnung da
is ka Renomee.
Kloa is',
kalt is'
und feicht is' a.
Awa trotzdem,
i fiacht,
in ana großn,
woaman,
truckanan Wohnung,
des ma da herbaun woin,
kunnts leicht sei,
daß ma mei Seel austruckat,
kunnt leicht sei,
und des fiacht i.

Friedrich Gradisnik

Schichtenpastell 1980

Friedrich Gradisnik   Bleistiftzeichnung 1980

MECHT SENG

Jetzt hab i ma
in mein kloan Hausgadl
nu z'guata letzt
a paar Astansteckl
augsetzt,
bevua sis wegreißn,
mei Hausgadl.

Und waunns daunn kumman
mit enare Riesnkatapilla,
daunn stöll i mi außi
zu meine Astansteckl
und ria mi net vom Fleck.
Mecht seng,
ob des nix hülft –
mecht seng.

ER GANGAT UNS AB

I kenn mein Nachbarn,
mei Nachbar kennt mi –
eigantlich kenna ma uns oille
in da Gassn.
Es tat ma load,
waunn ana ausziagn miaßat
aus unsara Gassn,
weus sei Haus wegreißn,
es tat ma load,
weu er gangat uns ab,
ja,
er gangat uns ab.

Friedrich Gradisnik   Bleistiftzeichnung 1980

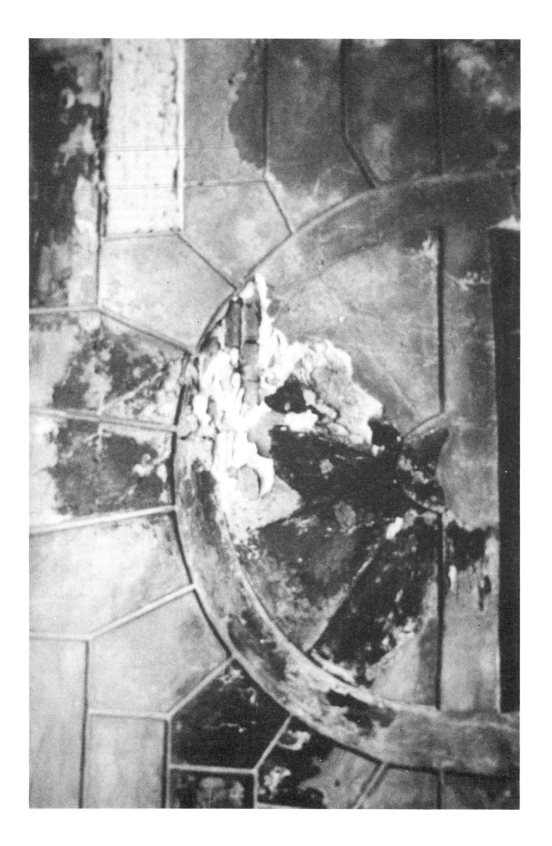

Fotografie 1980

Friedrich Gradisnik

BAUMASTAGRUNDSATZ

Merkts eich des:
Praktisch muaß sei,
gschnell muaß geh
und tragn muaß was –
Schenheit is a Luxus.
Merkts eich des.

DE MAUA

Bei uns dahoam
gibts a Maua,
auf der de Kinda
oiweu seutaunzn.
Sogar i bi schau
drüwaspaziert,
wia i nu a kloana Bua war —
so laung gibt s'is schau,
de Maua.

A jedsmal,
waunn i jetzt vabeigeh,
juckts mi
in de Fiaß,
und i mechts oiweu wieda
amal prowiern —
des Balanziern.
Obs nu a so kitzlt
in de Fiaß,
wia damals
als kloana Bua,
wo mi da Vata
nu bei da Haund
ghaltn hat,
daß i net awifall
va dera Maua?

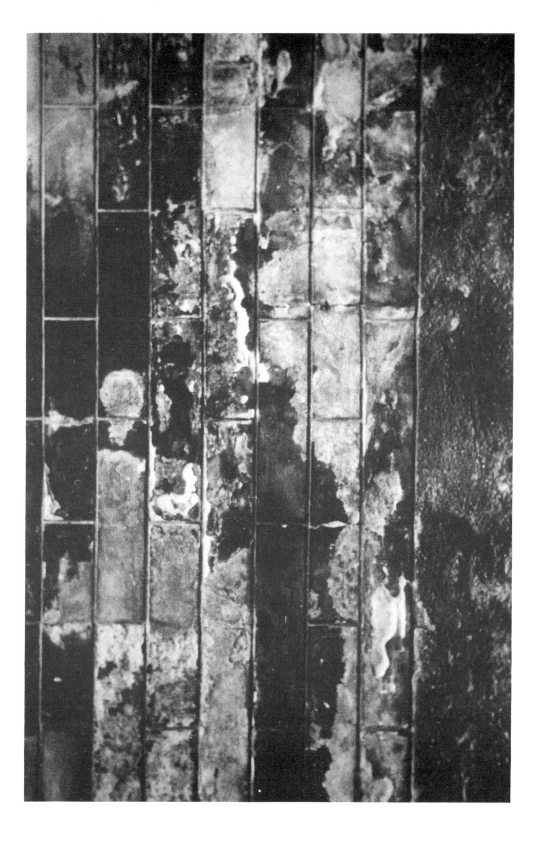

Friedrich Gradisnik

Fotografie 1980

Friedrich Gradisnik

WAS SOLLS TUAN?

's Hoiz hoilt sa si
va da Mistgstettn,
de Schuach kaft sa si
am Flohmarkt
und beim Gmias schauts
was üwableibt
am Saumstag,
am Markt.

So gfrett sa si halt dahi,
so guats geht.
Oawat gibt ihr kana,
und da Mau,
der vasauft ois.
Was solls tuan?

I HAB AUNGST

I hab Aungst
vua ana Zeit,
wos ois Greane,
des was irgendwo
nu zwischn a paar Stoana waxt,
daß' des ois ausreißn
und zuabetoniern.
Vua so ana Zeit
hab i Aungst.

Friedrich Gradisnik

Bleistiftzeichnung 1980

Friedrich Gradisnik   Bleistiftzeichnung 1980

DE WASCHBANKAL

Kennans nu de Waschbankal
irgendwo
aun an Bachal?
De Fraun kumman
mit eanare Schaffin
voll Wesch,
knian si hi,
oane nach da aundan
und schwoabt ihr Wesch.
Daunn ziagt sis außa,
drahts und winds
nach oille Seitn
und tuats wieda eini
ins Schaffi.
Dazwischn
wischn sa si
min Ärme
in Schwitz ausn Gsicht
und wissn sovül zum Dazöhln.

Kennan ses nu,
de Waschbankal
irgendwo
aun an Bachal?

Waa schad drum,
waunn sis wegreißatn –
waa jammaschad.

AUNGST

I hab so Aungst,
oft hab i richtig Aungst,
daß i auf amal munta wia,
und waunn i außischau
beim Fensta,
is ois aundas.

Da Birnbam duat
is weg
und a des alte Stadltor,
wo d'Kinda
oiweu draufgmalt haum;
und gaunz a großa gelba Lastwagn,
der bringt so graue Kletz
aus Mischbeton daher
und stöllts duat auf,
sche nach da Reih.

Dafua hab i so Aungst,
ja,
richtig Aungst.

Friedrich Gradisnik

Schichtenpastell 1980

Friedrich Gradisnik

Bleistiftzeichnung 1980

OIS KLOANE

I hab was üwa fia ois Kloane,
fia kloane Heisa
und fia kloane Fenstasteck,
fia kloane Kammal
und fia a kloans Herrgottseck,
fia kloane Kinda
und fia kloane Bleamisteck,
fia kloane Gschialn
und fia an kloan Semmibeck,
fia kloane Bachal
und fia an kloan ruhign Fleck.

I hab was üwa fia ois Kloane,
weu uns stehts bessa,
ja, des moan i.

DER KLOANE BUA

Der kloane Bua duat
zeichnt
mit an rostign Nagl
Mandal
auf des varoste Blech,
mit dem da Fraunz
sei alte Hittn gflickt hat.
Auf was wird der kloane Bua
daunn zeichna,
waunn sis amal
weggrissen haum,
de alte Hittn –
auf was?

Friedrich Gradisnik   Fotografie 1980

Friedrich Gradisnik

Objekt 1980

WAS SOLLN MA TUAN?

Was solln ma tuan?
Waunn mas lassen,
wias is,
fallts uns ois amal zaum,
üwa kurz oda laung,
waunn mas saniern,
daunn kost uns des
a Vamögn
und waunn mas ratzeputz
wegreißn
und ois neich baun,
daunn wird uns
da Denkmalschutz steirisch.

Wia mas machn,
is' falsch.
Was solln ma tuan?